처음 읽는 상대성 이론

MI PRIMER LIBRO DE RELATIVIDAD
text by Sheddad Kaid-Salah Ferrón and Illustrations by Eduard Altarriba

Copyright © Editorial Juventud, 2018
Text © by Sheddad Kaid-Salah Ferrón and Illustrations © Eduard Altarriba
Original Title: Mi primer libro de relatividad
This edition published by agreement with Editorial Juventud, 2018.
www.editorialjuventud.es
All rights reserved.
Korean Translation Copyright © Dourei Publication Co., 2021
Korean translation rights arranged through Iniciativas Empresariales Ilustrata S.L. in conjunction with Orange Agency.

이 책의 한국어판 저작권은 Orange Agency를 통해 Editorial Juventud와 독점계약을 맺은 두레출판사가 갖고 있습니다. 저작권법에 의해 한국 내에서 보호를 받는 저작물이므로 무단으로 전재하거나 복제할 수 없습니다.

처음 읽는
상대성 이론

세다드 카이드-살라 페론 글 • 에두아르드 알타리바 그림 • 이충호 옮김 • 김선배 감수

두레아이들

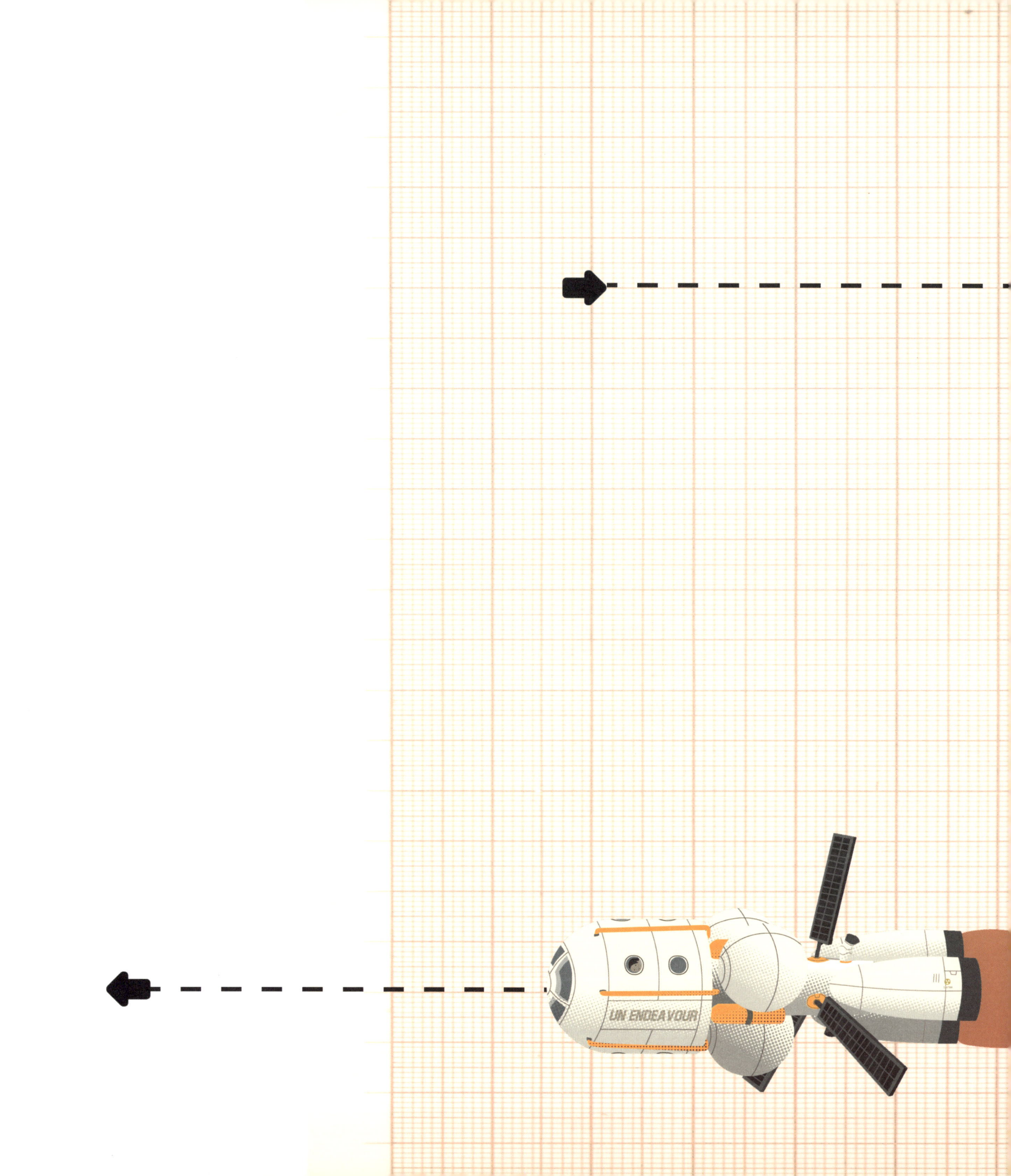

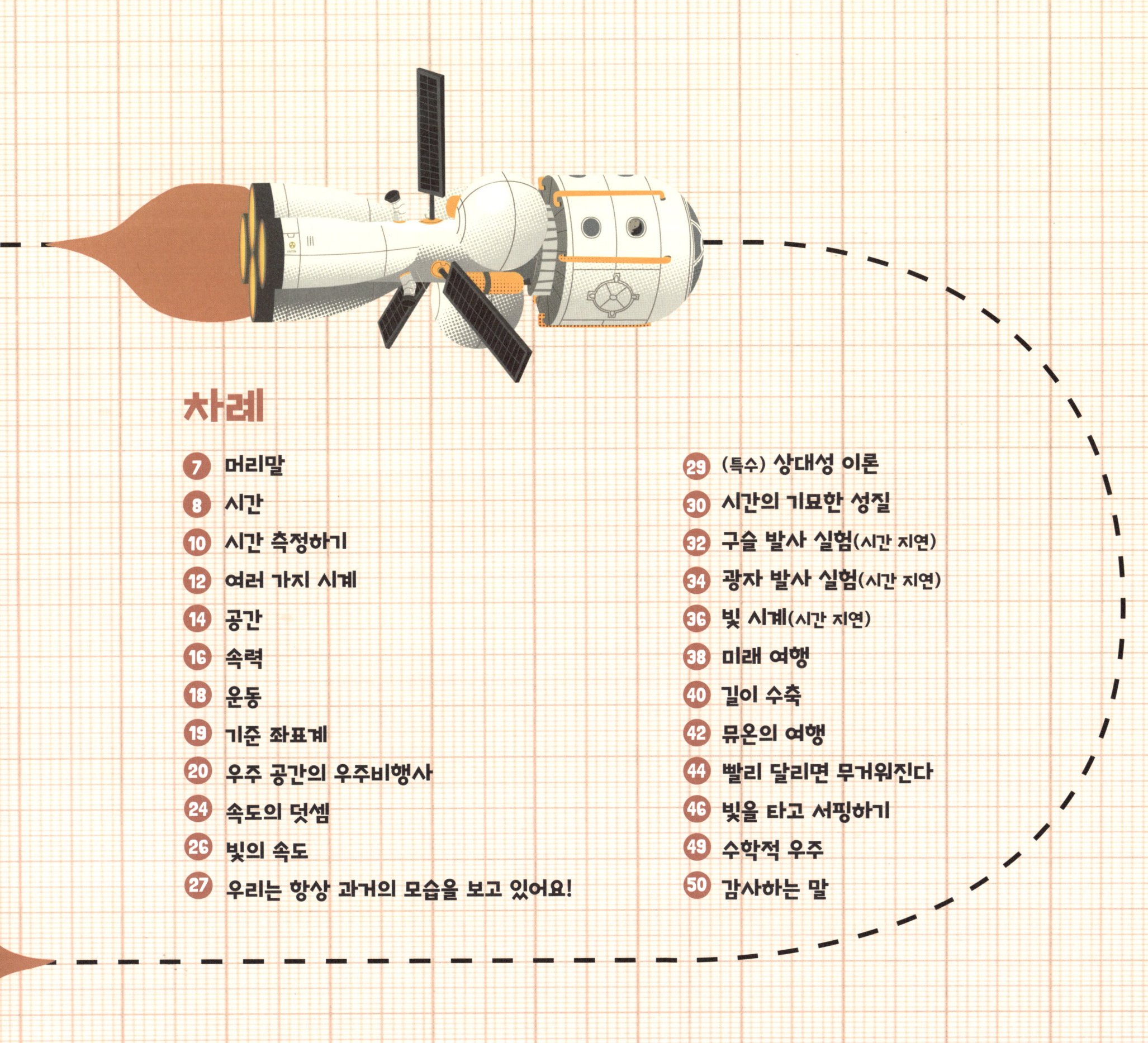

차례

- **7** 머리말
- **8** 시간
- **10** 시간 측정하기
- **12** 여러 가지 시계
- **14** 공간
- **16** 속력
- **18** 운동
- **19** 기준 좌표계
- **20** 우주 공간의 우주비행사
- **24** 속도의 덧셈
- **26** 빛의 속도
- **27** 우리는 항상 과거의 모습을 보고 있어요!
- **29** (특수) 상대성 이론
- **30** 시간의 기묘한 성질
- **32** 구슬 발사 실험(시간 지연)
- **34** 광자 발사 실험(시간 지연)
- **36** 빛 시계(시간 지연)
- **38** 미래 여행
- **40** 길이 수축
- **42** 뮤온의 여행
- **44** 빨리 달리면 무거워진다
- **46** 빛을 타고 서핑하기
- **49** 수학적 우주
- **50** 감사하는 말

머리말

아인슈타인의 상대성 이론은 시간과 공간에 관한 이론이에요. 시간과 공간이 무엇인지는 누구나 다 안다고 생각할 거예요. 그런데 시간과 공간 개념은 아주 간단한 것 같지만, 조금 깊이 생각하면, 아주 흥미로운 일들이 일어나지요.

아인슈타인은 10대 시절에 다른 사람들이 당연하게 여기는 것들에 의문을 품고 깊이 생각하는 버릇이 있었어요.

이렇게 당연한 것을 의심하고 깊이 생각한 덕분에 아인슈타인은 시간과 공간에 관한 이론인 특수 상대성 이론을 만들 수 있었어요(이 이론을 특수 상대성 이론이라고 부르는 이유는 몇 년 뒤에 아인슈타인이 시간과 공간뿐만 아니라 중력까지 함께 설명한 일반 상대성 이론을 만들었기 때문이지요).

따라서 시간과 공간에 관한 이론을 이해하려면, 먼저 시간과 공간이 실제로 무엇을 뜻하는지 그 개념을 정확하게 알 필요가 있어요. 그러면 운동이란 과연 무엇이고, 빛의 속도에 어떤 기묘한 일이 일어나는지 이해하는 데에도 큰 도움이 되어요. 이 개념을 확실히 알고 나면, 여러분도 아인슈타인처럼 특수 상대성 이론을 통해 세계를 이해할 수 있게 될 거예요. 그리고 공상 과학의 세계에서만 일어난다고 믿었던 일들이 실제로 우리 우주에서 일어난다는 사실도 알게 될 거예요!

자, 그러면 경이로운 상대성 이론의 세계로 여행을 떠나 볼까요?

시간

곤히 자는데 엄마가 막 몸을 흔들어 깨워요. 알람은 벌써 한참 전에 울렸고, 얼른 일어나 아침 먹고 서두르지 않으면 학교에 지각할 거라면서요. 간밤에 책을 읽느라 조금 늦게 잤는데, 지금 와서 후회해 봤자 무슨 소용이 있겠어요. 겨우 눈을 떠서 시계를 보니, 저런, 엄마 말이 맞았어요. 스쿨버스가 오기까지 이제 20분밖에 안 남았네요. 안 그래도 이번 주에 이미 지각을 한 번 했는데, 큰일 났어요.

시간이 무엇인지는 누구나 다 알아요. 우리는 어떤 일을 해야 할지, 언제 그 일을 해야 할지 알기 위해 늘 시간을 사용해요. 우리의 생활은 시간, 일, 주일, 년 등의 시간 단위를 중심으로 돌아가지요.

그런데 만약 누가 시간이 정확하게 무엇이냐고 묻는다면, 갑자기 머리가 복잡해져요. 시간이 무엇인지 정의하려고 한 학자들은 많아요. 그러나 지금 여기서 우리에게 가장 중요한 것은 시간을 정확하게 측정하는 방법이에요.

자, 시간은 어떻게 측정할 수 있을까요?

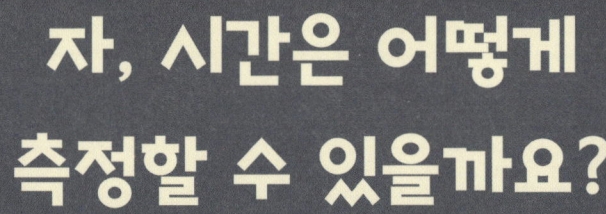

아인슈타인이 명확한 답을 내놓았지요.
"시간은 시계로 측정하면 된다."
그런데 시계는 시간을 어떻게 측정할까요?

시간 측정하기

우리 조상이 맨 처음 시간을 측정하기 위해 사용한 방법 중 하나는 날을 사용하는 것이었어요. '날', 즉 '하루'는 해가 떠오르고 나서 다음번에 다시 해가 떠오를 때까지의 시간을 말해요. 해는 날마다 떠오르기 때문에(즉, 주기적으로 일어나는 사건), 시간을 측정하는 데 안성맞춤이었어요. 따라서 아침에 해가 떠오르는 일이 몇 번 일어났는지 세면, 얼마나 많은 날이 지났는지 알 수 있어요.

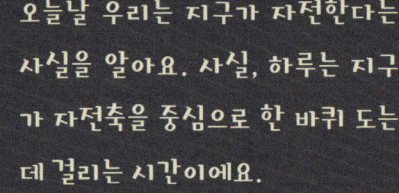

오늘날 우리는 지구가 자전한다는 사실을 알아요. 사실, 하루는 지구가 자전축을 중심으로 한 바퀴 도는 데 걸리는 시간이에요.

일부 문화권 사람들은 달의 위상 변화를 바탕으로 시간을 측정했어요.

사람들은 주기적으로 일어나는 사건이 날만 있는 게 아니라는 사실을 곧 알게 되었어요. 달마다 일어나는 달의 위상 변화나 해마다 일어나는 계절 변화도 주기적으로 일어나는 사건이에요.

하루보다 짧은 시간 주기를 측정하는 법

● 하루보다 짧은 시간을 측정할 때에는 시간, 분, 초라는 단위를 사용해요.

● 하루를 24등분한 기본 단위를 시간이라고 해요.

● 그리고 한 시간을 60등분한 기본 단위를 분이라고 하지요.

● 마지막으로 1분을 60등분한 기본 단위를 초라고 해요.

하루보다 긴 시간 주기를 측정하는 법

● 더 긴 시간을 측정할 때에는 또 다른 주기적 사건을 사용하지요. 지구가 태양 주위를 한 바퀴 도는 데 걸리는 시간을 1년이라고 해요.

● 1년은 365일이에요. 정확하게는 그것보다 조금 더 긴 365.24219일이에요. 4년마다 한 번씩 윤년이 돌아오는 이유는 1년의 정확한 길이가 365일이 아니라, 거기에 약 1/4일이 더 붙어 있기 때문이지요. 윤년은 평년보다 하루가 더 있어 365일이 아니라 366일인데, 2월에 하루를 더 추가해 2월이 28일이 아니라 29일까지 있어요.

● 이런 시간 단위를 사용하면, 내 나이가 열 살이라거나, 이집트 쿠푸 왕의 피라미드가 약 4580년 전에 건설되었다거나, 우주의 나이가 약 138억 년이라고 말할 수 있어요.

초는 과학자들이 많이 사용하는 시간 단위예요.

여러 가지 시계

벽시계와 손목시계는 일정한 간격의 주기가 계속 반복되는 기계 장치예요. 이를 이용해 시간을 측정할 수 있어요.

해시계

해시계는 아주 먼 옛날부터 사용된 시계예요. 땅 위에 똑바로 세운 막대의 그림자로 해가 하늘에서 어떤 위치에 있는지 알아내, 그때가 하루 중 몇 시쯤인지 짐작하지요. 해시계는 아주 정확하진 않아요. 그래서 지금은 잘 쓰지 않아요.

옛날에 뱃사람들은 먼 바다로 나갈 때 모래시계를 많이 사용했어요. 아무리 파도가 거칠더라도, 모래시계는 항상 수직 방향으로 똑바로 세워야 시간을 정확하게 잴 수 있어요.

모래시계

모래시계를 뒤집어 놓으면, 그때부터 마지막 모래알이 떨어질 때까지의 시간 간격이 항상 일정해요. 모래시계는 주기적인 사건을 인공적으로 만들어 낸 것이에요. 모래시계를 뒤집은 횟수를 세면, 그동안 얼마나 많은 시간이 흘렀는지 알 수 있어요. 오늘날에는 별로 사용하지 않지만, 모래시계는 오랫동안 시간을 측정하는 최선의 방법이었어요.

기계 시계

기계 시계는 기계 장치로 시곗바늘을 돌려요. 추를 사용하는 시계도 있고, 코일 모양의 용수철을 사용하는 시계도 있어요. 최초의 기계 시계는 아주 정확하진 않았어요. 또, 자주 태엽을 감아 주어야 했지요. 전지로 작동하는 오늘날의 기계 시계는 아주 정확해요.

진자시계

1602년 무렵에 갈릴레오 갈릴레이가 진자의 왕복 운동이 주기적으로 일어나며, 이를 이용해 시간을 잴 수 있다는 사실을 발견했어요. 진자가 왕복하는 횟수를 셈으로써 시간이 얼마나 지났는지 알 수 있어요.
진자시계는 최초로 시간을 정확하게 측정한 시계였어요.

갈릴레오 갈릴레이

디지털시계

오늘날의 손목시계 안에는 작은 진자 비슷한 것이 들어 있어요. 디지털 손목시계에는 전자 회로가 들어 있는데, 이것이 수정판을 진자처럼 진동시키기 때문에 시간을 측정할 수 있어요.

원자시계

원자시계는 지금까지 나온 시계 중 가장 정확한 시계예요. 원자시계는 인공위성과 실험실, 통신망 등에서 시간을 측정하는 데 쓰여요. 원자시계는 원자의 진동을 기준으로 시간을 측정해요. 원자는 늘 일정한 속도로 진동을 반복하는데, 그 진동 횟수를 세면 시간을 측정할 수 있지요.
원자시계는 150억 년(이것은 우주의 나이보다 긴 시간이에요)이 지나야 단 1초만 틀릴 정도로 아주 정확해요.

공간

시간과 마찬가지로 공간을 정의하는 것도 간단하지가 않아요.
공간은 물체들이 서로 만나고 사건이 일어나는 장소라고 할 수 있어요.
현실 세계의 모든 일이 벌어지는 무대인 셈이에요.

그렇다면 공간은 어떻게 측정할 수 있을까요?

사실, 우리는 공간을 측정하려고 할 때 거리를 측정해요. 거리는 두 점 사이의 길이예요. 거리를 측정할 때에는 자처럼 단단한 물체를 사용해요.

자보다 긴 두 점 사이의 길이를 알고 싶으면, 한 점에서 다른 점까지 자를 계속 옮겨 가면서 자를 몇 번 옮겼는지 세면 돼요.

예컨대, 자의 길이가 30cm이고, 점 A와 점 B 사이의 길이가 자 2개 반의 길이와 같다면, 두 점 사이의 거리는 30cm×2.5=75cm예요.

••••••••••••••••••••

그런데 맨 처음에 자의 길이는 어떻게 정했을까요?

두 건축가가 강 위로 다리를 놓는 장면을 상상해 보세요.

설계에 따라 다리의 높이는 자 5개 길이로 지어야 해요. 두 건축가는 다리 양쪽 끝에서 다리를 짓기 시작하여 한가운데에서 만나기로 했어요. 그런데 두 사람이 쓰는 자가 서로 다르다면, 어떤 일이 일어날까요?

이보다 더 큰 낭패가 있을까요?

이런 문제를 피하기 위해 우리는 **통일된 도량형**을 사용해요.

어떤 사람들이 일정한 길이의 막대를 만들고, 그 길이를 1미터라고 부르기로 했어요. 그 후로 모든 자는 이 막대와 똑같은 길이, 즉 1미터를 기준으로 만들어졌어요.

그 결과로 이제 건축가를 비롯해 모든 사람은 거리와 길이를 측정할 때, 서로 다른 자를 사용해 생기는 문제를 피할 수 있었어요.

미터는 오늘날 모든 과학자가 사용하는 길이의 단위예요.

그런데 이런 합의에도 불구하고, 일부 나라들은 영국 도량형처럼 다른 측정 단위도 사용해요. 영국 도량형은 길이의 단위로 인치, 피트, 야드, 마일을 사용해요.

도량형의 착각이 부른 참사
우주 탐사선 추락 사고

1999년, 화성 기후 궤도선이 화성에 추락하는 사고가 일어났어요. 이 탐사선은 **영국 도량형을 기준**으로 작동하도록 만들어졌어요. 그런데 발사 직전에 입력된 비행 지시는 **미터법을 기준**으로 한 것이었어요. 이 때문에 화성 기후 궤도선은 화성 주위에서 궤도를 도는 대신에 화성에 너무 가까이 다가갔고, 그 바람에 화성 대기와 충돌하면서 파괴되고 말았어요.

1m의 길이는 1799년에 정해졌어요. 그때, 한 과학자팀이 길이의 표준을 나타내는 백금 막대를 프랑스에 전달했어요.

이 표준 막대의 길이를 정하기 위해 과학자들은 됭케르크에서 바르셀로나 몬주이크 성까지의 자오선 길이를 측정했어요. 그 당시 스페인과 프랑스는 전쟁 중이었지만, 이 임무가 매우 중요하다는 점을 모두가 인정했어요. 그래서 프랑스 과학 탐사대는 바르셀로나까지 여행하도록 허락받아 필요한 측정과 계산을 할 수 있었어요.

됭케르크
바르셀로나

속력

시간과 공간을 측정하는 방법을 알았으니, 이제 물체가 얼마나 빨리 달리는지 알 수가 있어요. 즉, 속력을 잴 수 있어요.

물체의 속력은 '달린 거리'를 '걸린 시간'으로 나누어 구할 수 있어요.

4m를 가는 데 2초가 걸린다고 상상해 보세요. 그러면 속력은 2초당 4m이니까, 초당 2m인 셈이에요. 따라서 식으로는 다음과 같이 나타낼 수 있어요.

$$v = 2\,m/s$$

속력은 '움직인 거리'를 '걸린 시간'으로 나누어 구할 수 있어요. 즉,

$$속력 = \frac{거리}{시간}$$

여러분은 자동차에서 속도계*를 본 적이 있을 거예요. 속도계는 자동차가 한 시간에 몇 킬로미터를 달리는지 알려 주는 장비예요.

★물리학에서 속도와 속력은 다른 개념이지만(속도는 속력에 방향까지 추가된 개념), 일상생활에서는 속력 대신에 속도라는 용어를 쓸 때가 많아요. 그래서 엄밀하게는 속력계가 맞는 표현이지만, 흔히 속도계라고 해요—옮긴이.

시속 100km!

만약 자동차가 시속 100km(100km/h)로 달린다면, 마콘도와 코말라 사이의 100km를 달리는 데 정확하게 한 시간이 걸린다는 뜻이에요.
만약 똑같은 속력으로 계속 달린다면, 마콘도와 아타나길도 사이의 200km를 달리는 데에는 두 시간이 걸릴 거예요.

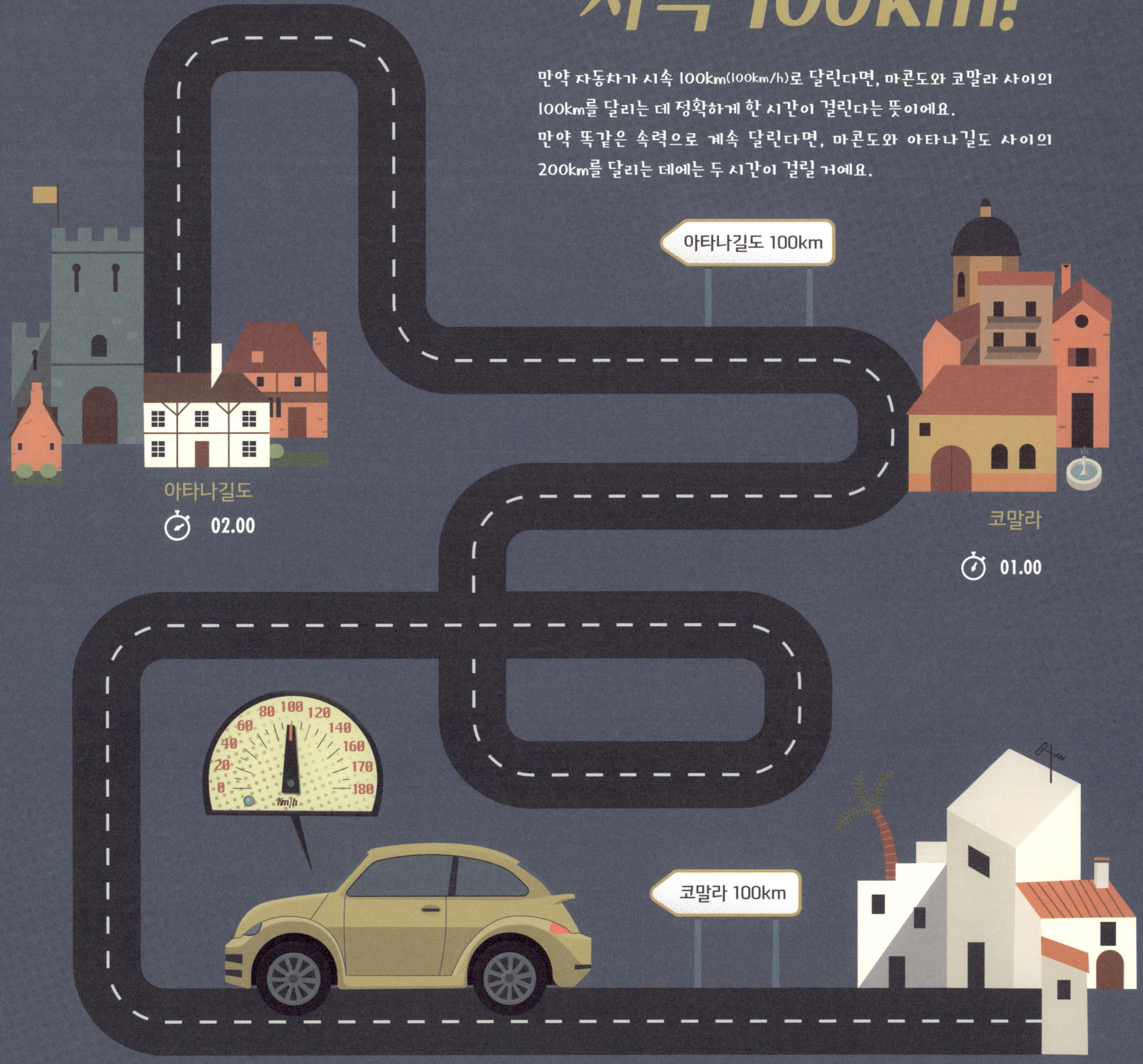

아타나길도 100km

아타나길도
⏱ 02.00

코말라
⏱ 01.00

코말라 100km

$v = 100km/h$
⏱ 00.00
마콘도

운동

물체에 속도(또는 속력)가 있다는 것은 그 물체가 움직인다는 뜻이에요.
그리고 속도가 0일 때에는 그 물체는 정지 상태에 있어요.

사고 실험을 하나 해 볼까요? 열차가 시속 30km의 일정한 속도로 달리면서 멈추지 않고 기차역을 지나간다고 상상해 보세요.

앨리스는 열차 안에서 자리에 앉아 책을 읽고 있어요. 책은 움직이지 않고 정지 상태에 있기 때문에, 앨리스는 편하게 책을 볼 수 있어요. 사실, 앨리스가 볼 때, 열차 안에 있는 모든 것(사람, 좌석, 전등 등)은 정지 상태에 있어요.

만약 아인슈타인 박사가 기차역 플랫폼에 서서 앨리스가 탄 열차를 본다면, 이 상황은 완전히 다르게 보일 거예요. 아인슈타인 박사에게는 열차와 그 안에 있는 모든 것이 시속 30km로 달리는 것으로 보여요. 사람과 좌석, 그리고 앨리스와 책을 포함해 열차와 열차 안에서 정지해 있는 것은 하나도 없어요.

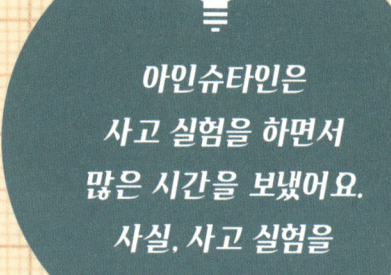

아인슈타인은 사고 실험을 하면서 많은 시간을 보냈어요. 사실, 사고 실험을 무척 즐겼지요!

앨리스가 볼 때 정지해 있는 것들이 아인슈타인 박사가 볼 때에는 움직여요.

운동은 항상 어떤 것을 기준으로 삼아 그것에 대한 상대적 움직임으로 정의해요. 그 기준이 되는 어떤 것을 '기준 좌표계'라고 해요. →

기준 좌표계

기준 좌표계는 위치와 거리와 속도를 측정하는 데 쓰여요.

기준 좌표계를 사용하면, 열차 안에 있는 물체들의 속도를 알 수 있어요.

앨리스에게는 자신이 탄 열차 내부가 기준 좌표계예요. 앨리스가 볼 때, 모든 것은 정지 상태에 있어요($v=0km/h$).

아인슈타인 박사에게는 플랫폼이 기준 좌표계예요. 아인슈타인 박사가 볼 때, 열차 내부의 모든 것은 일정한 속도로 움직여요($v=30km/h$).

운동이 상대적 이고, 관찰자(그 운동을 바라보는 사람)나 기준 좌표계(그 운동을 바라보는 장소)에 따라 달라진다고 말하는 이유는 이 때문이에요.

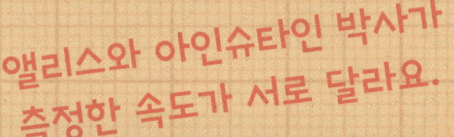

앨리스와 아인슈타인 박사가 측정한 속도가 서로 달라요.

관성 좌표계는 속도가 일정한 좌표계를 말해요.

어떤 사람이 무슨 이유에서인지 우주복을 입은 채 막막한 우주 공간에 떠 있다고 상상해 보세요. 사방을 둘러봐도 아무것도 보이지 않아요. 별도 우주선도 지구도 전혀 보이지 않아요. 만약 비교할 물체가 하나도 없다면, 자신의 위치를 어떻게 알 수 있을까요? 심지어 자신이 움직이는지 움직이지 않는지조차 알 길이 있을까요? 만약 움직인다면, 얼마나 빠른 속도로 움직일까요?

다행히도 완전히 우주의 미아가 된 것은 아니었어요. 헬멧의 창에 김이 서려 잠깐 동안 아무것도 보이지 않았던 거예요. 이제 다시 별과 우주 정거장과 지구가 보이기 시작했어요. 이 물체들을 보자, 자신의 위치도 파악할 수 있었지요. 자신이 지구 주위를 시속 3만 km로 돌고 있다는 사실도 알 수 있었어요.

➕ 속도의 덧셈

이제 기준 좌표계가 무엇인지 알았으니, 앨리스가 열차 여행을 계속하면서 열차 안에서 리모컨으로 장난감 자동차를 조종한다고 상상해 보기로 해요. 앨리스는 자동차를 열차와 똑같은 방향으로 달리게 했어요.

자동차의 속도는 얼마일까요?

자동차는 열차 안에서 시속 5km로 달립니다.

$V_{자동차}$

$V_{열차}$

열차는 철길 위를 시속 30km 속도로 달립니다.

앨리스가 볼 때, 자동차는 일정한 속도로 달려요.

$V_{자동차}$

5km/h

아인슈타인 박사가 볼 때, 자동차의 속도는 열차의 속도에다가 자동차의 속도를 더한 것과 같아요.

$V_{열차} + V_{자동차}$

30km/h + 5km/h = 35km/h

앨리스가 본 자동차의 속도는 아인슈타인 박사가 본 자동차의 속도와 달라요.

그런데 만약 자동차가 열차와 반대 방향으로 달린다면, 아인슈타인 박사에게 보이는 자동차의 속도는 열차의 속도에서 자동차의 속도를 뺀 것과 같아요.

$V_{열차} - V_{자동차}$

30km/h - 5km/h = 25km/h

앨리스의 기준 좌표계는 **열차**이지만, 밖에서 열차를 바라보는 아인슈타인 박사의 기준 좌표계는 **플랫폼**이에요.

모든 속도의 덧셈 계산에서는 이와 똑같은 일이 일어납니다.

거북 등에 올라탄 달팽이

$V_{달팽이} + V_{거북}$

비행기 위에서
달리는 사이클

$V_{비행기} + V_{사이클}$

자동차를 타고 가면서
쏜 화살

$V_{자동차} + V_{화살}$

운동은 기준 좌표계에 대해 상대적이라는 사실, 그리고 어떤 물체의 운동을 계산하려면 위에서 설명한 것과 같은 방법으로 속도를 더해야 한다는 사실은 약 400년 전에 갈릴레오 갈릴레이가 처음 깨달았어요.

빛의 속도

우주의 기본 법칙 중 하나는 빛이 항상 똑같은 속도로 달린다는 거예요. 그 속도는

초속 30만 km입니다.

그리고 우주에서 그 어떤 것도 빛의 속도보다 더 빨리 달릴 수 없어요.

광년

우리가 알고 있는 우주는 너무나도 넓어서 거리를 측정하고 계산할 때에는 광년이라는 단위를 사용해요.

1광년은 빛이 초속 30만 km로 1년 동안 달리는 거리를 말해요. 그 거리가 얼마나 어마어마할지 한번 상상해 보세요!

우리에게서 가장 가까운 별은 4광년 이상의 거리에 있고, 가장 먼 천체는 수십억 광년 이상의 거리에 있어요.

빛의 속도는 너무나도 빨라서, 우리가 사는 세상에서는 순간적으로 이동하는 것처럼 보여요. 그러나 우주의 척도에서는 이야기가 달라져요.

예를 들면, 태양에서 출발한 빛이 1억 5000만 km를 달려 지구에 도착하기까지는 약 8분(정확하게는 8분 20초)이 걸려요.

따라서 우리가 바라보는 태양은 사실은 8분 전의 모습이에요.

만약 어느 날 갑자기 태양이 폭발한다면, 우리는 8분이 지나고 나서야 그 사실을 알게 될 거예요.

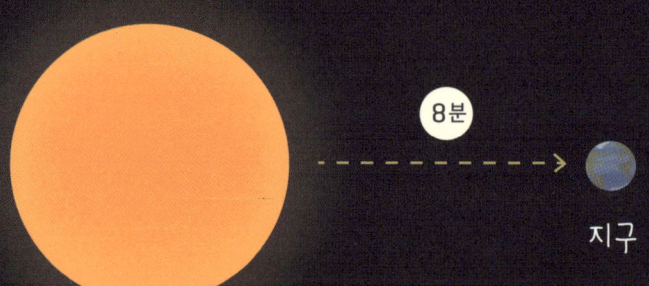
태양 — 8분 → 지구

우리는 항상 과거의 모습을 보고 있어요!

빛이 아무리 빨라도, 한 장소에서 다른 장소까지 가는 데에는 시간이 걸려요.
그리고 우리는 사물에서 출발한 빛이 우리 눈에 들어오기 전에는 그 사물을 보지 못해요.

만약 4500광년 떨어진 행성에서 지금
외계인이 망원경으로 지구를 본다면,
외계인의 눈에는 지구가 어떻게 보일까요?

아마도 고대 이집트인이 피라미드를 짓는
모습이 보일 거예요.

우리에게도 이와 똑같은 일이 일어납니다. 우리가
별이나 은하를 바라볼 때, 그 별이나 은하의 모습은
먼 옛날의 모습이에요.

우리가 하늘에서 보는 별들은 모두 지구에서 아주 먼 거리에 있어요. 그중에는 오래전에
사라진 별도 있겠지만, 먼 과거에 출발했던 빛이 아직도 지구에 계속 도착하기 때문에,
우리의 눈에는 하늘에서 반짝이고 있는 별로 보이는 거랍니다.

어떤 것도 빛보다 빨리 달릴 수 없다고 했는데, 만약 달리는 열차에서 빛을 앞으로 비춘다면 어떻게 될까요?

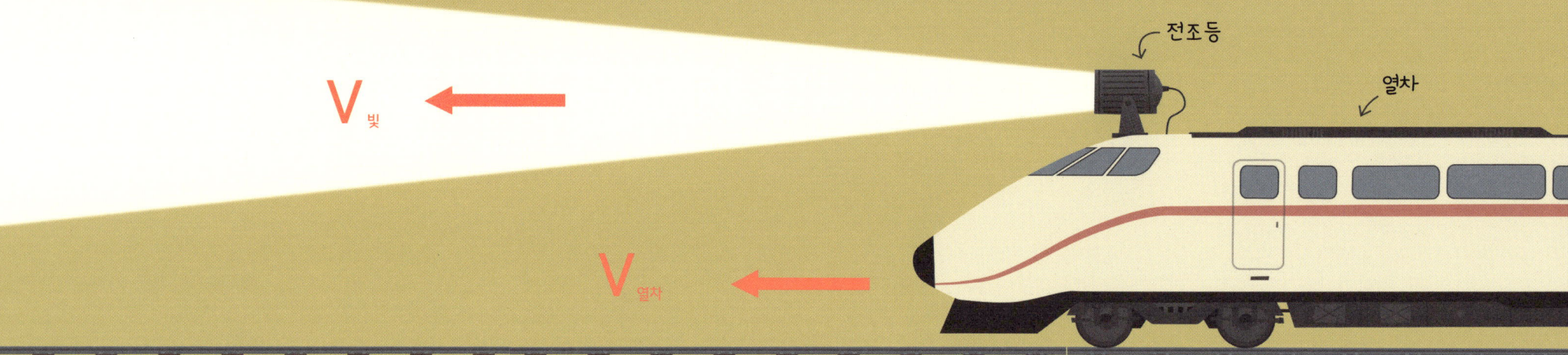

달리는 열차에서 앞으로 내쏜 빛의 속도는 얼마?

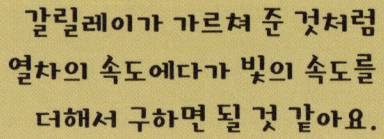

갈릴레이가 가르쳐 준 것처럼 열차의 속도에다가 빛의 속도를 더해서 구하면 될 것 같아요.

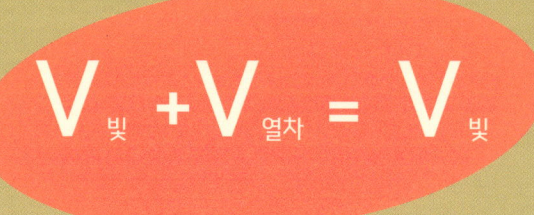

$$V_{빛} + V_{열차} = V_{빛}$$

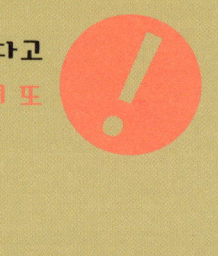

그런데 빛보다 빨리 달리는 것은 없다고 하지 않았나요? 따라서 빛의 속도에 또 다른 속도를 더하면 안 돼요.

(또는 빼면)

달팽이나 경주용 자동차, 또는 우주선에 전조등을 달아 빛을 내쏘더라도, 모든 빛은 항상 초속 30만 km로 달립니다.

$V_{자동차} + V_{빛}$ = 초속 30만 km $V_{달팽이} + V_{빛}$ = 초속 30만 km $V_{우주선} + V_{빛}$ = 초속 30만 km

물리학자들은 어떻게 측정하더라도 빛이 왜 항상 똑같은 속도로 달리는지 영문을 알 수 없었어요. 그러다가 1905년에 아인슈타인이 그 답을 발견했지요.

아인슈타인은 단 두 가지 개념만 사용해 유명한 이론을 만들었어요. 두 가지 개념은
① 일정한 속도로 움직이는 기준 좌표계에서는 우주의 법칙들이 항상 똑같다는 것과
② 빛의 속도는 어떻게 측정하더라도 늘 일정하다는 것이었어요. 아인슈타인이 만든 이론의 이름은 바로

(특수) 상대성 이론

이 이론은 세 가지 놀라운 의미를 포함하고 있었지요.

1 시간 지연

2 길이 수축

3 질량 증가

$E=mc^2$

아인슈타인은 상대성 이론을 두 가지 만들었어요. 하나는 이 책에서 다루는 **특수 상대성 이론**이고, 또 하나는 거기다가 중력까지 포함시켜 설명하는 이론인 **일반 상대성 이론**이에요.

시간의 기묘한 성질

빛이 항상 똑같은 속도로 달린다는 사실 때문에 아주 놀라운 일이 일어나요. 시간은 우리가 일상적으로 경험하는 것처럼 늘 일정하게 흐르지 않아요.

우리가 앉아서 책을 읽고 있어도, 우리는 지구와 함께 움직이고 있어요.

우리가 느끼는 시간은 개인적 경험이에요. 모든 사람은 각자 '자신의 시간'이 있어요.

우리가 움직이는 속도에 따라 시간이 느려져요. 더 빨리 움직일수록 시간은 정지해 있는 사람에 비해 더 느리게 흘러요.

시간은 절대적인 것이 아니다

우리는 시간이 우주 어디에서나 똑같이 흐른다고 생각해 왔어요. 우리는 지구에서 지금 경험하는 이 순간이 달이나 목성, 켄타우루스자리 프록시마별, 또는 은하나 우주 반대편에서도 똑같이 지나간다고 생각해요. 갈릴레이와 뉴턴처럼 위대한 과학자들을 포함해 모든 사람은 시간이 어디서나 이렇게 똑같이 흐른다고 생각했어요. 즉, 시간은 절대적이라고 믿었지요.

시간에 수상쩍은 점이 있다는 사실을 깨닫고, 시간은 절대적인 것이 아니라 그것을 측정하는 기준 좌표계에 따라 달라진다는 사실을 발견한 사람이 바로 아인슈타인이에요. 다시 말해서, 시간은 상대적이에요.

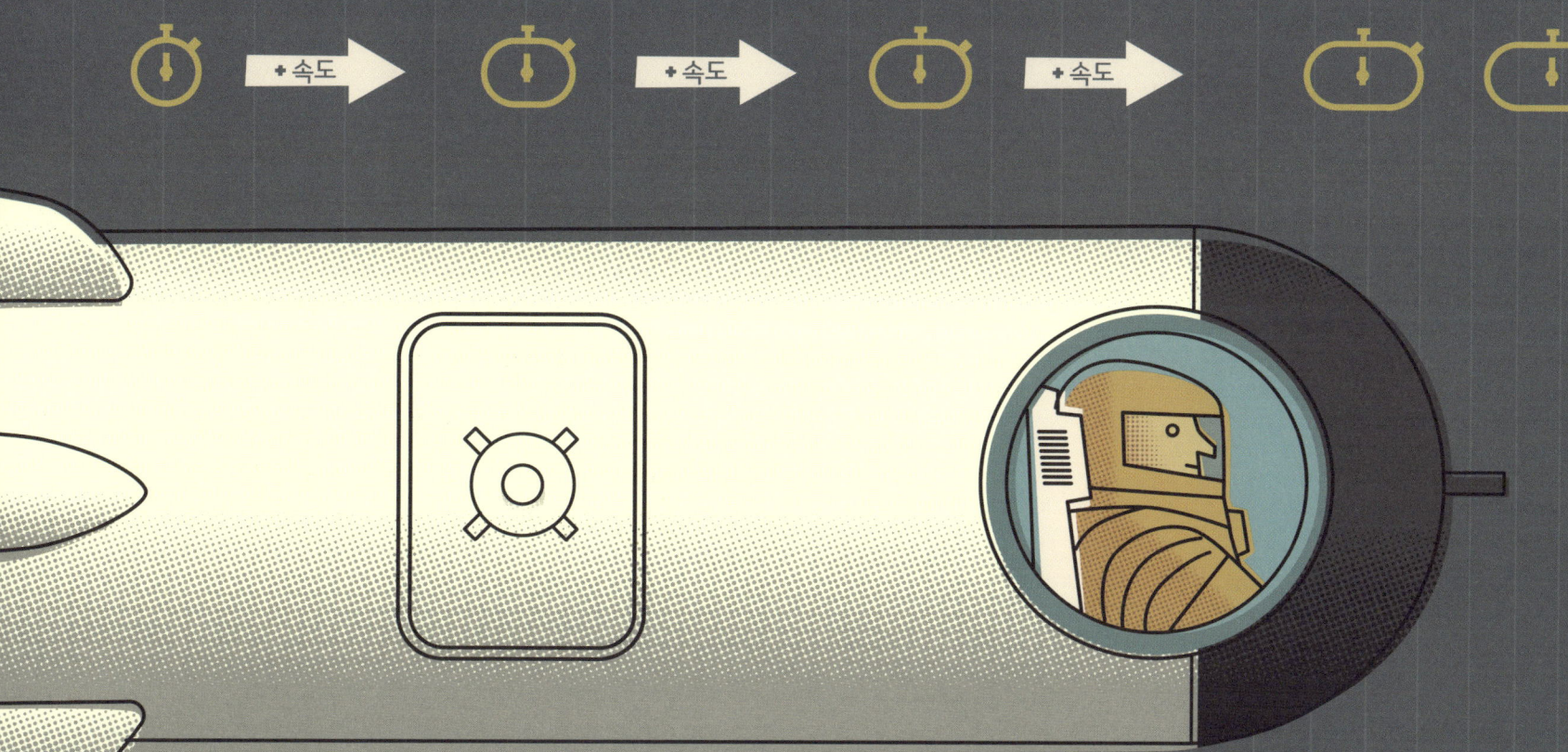

빛의 속도에 가까워질수록 시간은 점점 더 천천히 흘러요.

오늘날의 기술로 우리가 달릴 수 있는 속도는 너무 느려서 시간이 느려지는 효과를 직접 경험할 수 없어요.

시간 지연

특수 상대성 이론의 아주 흥미로운 결과 중 하나는 우리가 움직일 때에는 정지해 있을 때보다 시간이 천천히 흐른다는 것이에요.

앨리스가 열차를 타고 아인슈타인 박사에 대해 상대 운동을 할 때, 앨리스가 경험하는 시간은 아인슈타인 박사가 경험하는 시간보다 느리게 흘러요. 다시 말해서, 앨리스의 시계는 아인슈타인 박사의 시계보다 더 느리게 흘러요. 다만, 그 차이는 아주 작아서 우리가 알아채기 힘들어요.

이 현상을 시간 지연 이라고 불러요.

이 개념을 더 잘 설명하기 위해 몇 가지 사고 실험을 해 보기로 해요. 이 실험을 통해 시간이 모든 사람에게 똑같지 않다는 걸 분명히 알 수 있을 거예요.

앨리스가 빨리 움직이고 시간이 더 많이 지연될수록 앨리스의 시계는 더 느려져요(앨리스가 움직이는 것을 보는 사람에게는).

우주의 최대 속도 : 빛의 속도

시간 지연

1. 구슬 발사 실험

자, 그럼 사고 실험을 해 볼까요?

아래 기계는 감지기를 향해 양쪽 방향으로 구슬을 발사하는 장치예요. 감지기에는 시간이 똑같이 흐르는 시계들이 붙어 있어요. 구슬이 감지기에 닿는 순간, 발사 장치에서 감지기까지 가는 데 걸린 시간이 감지기에 기록되죠.

앨리스는 구슬 발사 장치와 함께 열차 안에 있고, 아인슈타인 박사는 기차역의 플랫폼에 서서 앨리스를 관찰해요.

앨리스는 열차 안에서 두 감지기 사이에 구슬 발사 장치를 설치합니다. 아인슈타인 박사는 플랫폼에 있는 감지기를 사용해 구슬이 앨리스의 감지기에 언제 도착하는지 측정해요.

자, 이제 구슬을 발사하면, 어느 구슬이 감지기에 먼저 도착할까요?

구슬 발사 장치   감지기

A 열차가 정지해 있을 때

- 구슬을 발사하는 순간, 두 시계는 0을 가리킵니다.
- 두 구슬이 똑같은 속도로 날아가고, 항상 감지기에서 같은 거리에 있습니다.
- 앨리스와 아인슈타인 박사가 볼 때, 두 구슬은 감지기에 동시에 도착합니다. 두 시계가 가리키는 시간도 똑같습니다.

B 열차가 움직일 때

- 구슬을 발사하는 순간, 두 시계는 0을 가리킵니다.
- 앨리스가 볼 때, 두 구슬은 똑같은 속도로 날아갑니다.
- 아인슈타인 박사가 볼 때, 두 구슬은 같은 속도로 날아가지 않습니다. 열차와 같은 방향으로 날아가는 구슬이 더 빠르고(두 속도의 덧셈), 반대 방향으로 날아가는 구슬은 더 느립니다(한 속도에서 다른 속도 빼기).
- 앨리스와 아인슈타인 박사에게는 두 구슬이 감지기에 동시에 도착하는 걸로 보입니다. 두 시계가 가리키는 시간도 똑같습니다.

두 시계는 똑같은 시간을 가리켜요.

이 감지기도 구슬이 앨리스의 감지기에 도착하는 순간을 감지해 기록해요.

구슬 발사 장치와 두 감지기 사이의 거리는 정확하게 똑같아요.

두 실험에서 구슬들은 양쪽 감지기에 동시에 도착했고, 앨리스의 시계와 아인슈타인 박사의 시계는 정확하게 똑같은 시간을 가리켰어요. 지금까지는 아무 문제가 없어요. 시간은 누구에게나 똑같고, 이상한 일은 전혀 일어나지 않는 것처럼 보여요.

시간 지연

2. 광자 발사 실험

이번에도 똑같은 실험을 하지만, 양쪽 방향으로 구슬 대신에 광자를 발사할 거예요.

『처음 읽는 양자물리학』에서 보았듯이, 빛의 입자인 광자는 언제 어디서 관찰하건 항상 빛의 속도로 달려요. 광자를 발사하는 실험에서는 구슬을 발사한 실험과 똑같은 결과가 나오지 않아요. 열차의 속도에 광자의 속도를 더하거나 뺄 수가 없거든요.

> 빛의 속도는 늘 일정하며, 기준 좌표계에 따라 변하지 않습니다.

감지기

광자 발사 장치

A 열차가 정지해 있을 때

- 광자를 발사하는 순간, 두 시계는 0을 가리킵니다.
- 두 광자가 똑같은 속도로 날아가고, 항상 감지기에서 같은 거리에 있습니다.
- 앨리스와 아인슈타인 박사가 볼 때, 두 광자는 감지기에 동시에 도착합니다. 두 시계가 가리키는 시간도 똑같습니다.

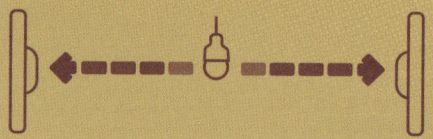

B 열차가 움직일 때

- 광자를 발사하는 순간, 두 시계는 0을 가리킵니다.
- 앨리스가 볼 때, 두 광자는 똑같은 속도로 날아가고, 두 감지기에 동시에 도착합니다.
- 아인슈타인 박사가 볼 때에도 두 광자는 똑같은 속도로 날아갑니다. 그러나 열차와 반대 방향으로 날아가는 광자가 열차와 같은 방향으로 날아가는 광자보다 감지기에 먼저 도착합니다.

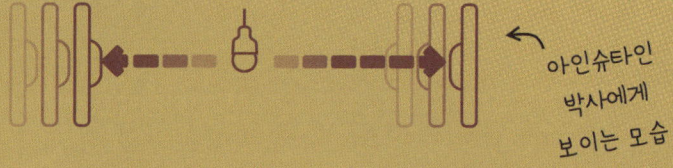

← 아인슈타인 박사에게 보이는 모습

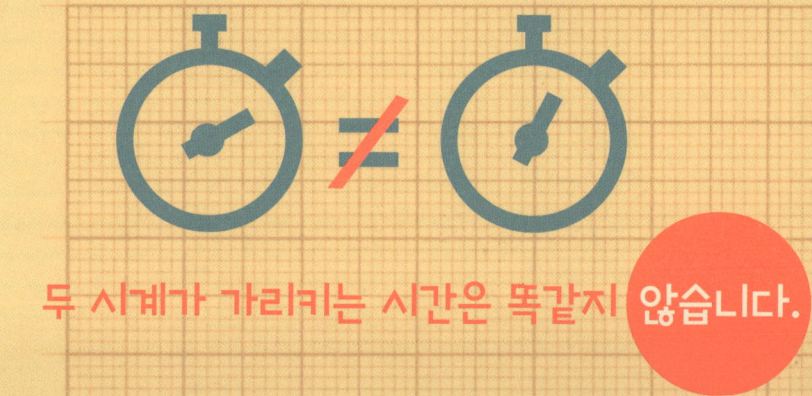

두 시계가 가리키는 시간은 똑같지 않습니다.

여기서부터 이야기가 정말로 이상해지기 시작해요.

앨리스가 볼 때에는 광자들이 동시에 양쪽 감지기에 도착해요. 아인슈타인 박사가 볼 때에는 앞쪽으로 발사한 광자가 뒤쪽으로 발사한 광자보다 더 늦게 감지기에 도착해요. 왜 똑같은 사건이 보는 사람에 따라 다르게 보일까요? 분명히 똑같은 광자들을 보고 있는데 말이에요! 게다가 시계들을 보는 순간, 두 사람은 두 시계의 시간이 일치하지 않는다는 사실을 발견합니다. 앨리스의 시계가 가리키는 시간은 아인슈타인 박사의 시계보다 조금 더 늦어요.

누가 옳을까요?

음, 사실은 둘 다 옳아요. 앞에서 말했듯이, 시간은 상대적이어서 움직이는 관찰자가 경험하는 시간과 정지해 있는 관찰자가 경험하는 시간은 똑같지 않아요. 앨리스가 더 빨리 움직일수록 아인슈타인 박사에게는 열차 안의 시간이 더 느리게 흐르는 것으로 보여요.

빛 시계

시간 지연 현상을 알아보기 위해 시계를 사용해 작은 실험을 해 보기로 해요. 그러나 이 실험에서는 톱니와 바늘이 있는 시계 대신에 더 단순하지만 훨씬 정확한 시계를 사용할 거예요. 그 시계의 이름은 바로

빛 시계를 만드는 방법은 다음과 같아요. 두 거울을 일정한 거리(예컨대 1m)만큼 떼어 놓고, 그 사이에 광자(빛)를 왔다 갔다 하게 하면 됩니다.

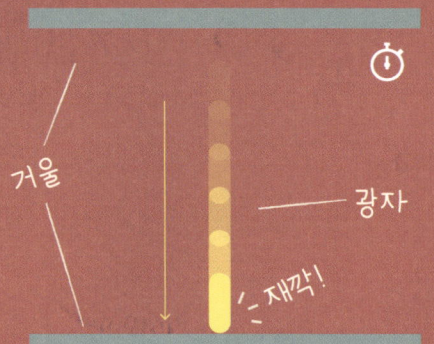  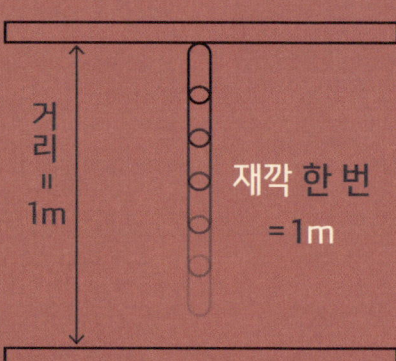

광자가 거울에 충돌해 튀어나올 때마다 재깍거리는 소리가 한 번씩 납니다. 이것은 주기적으로 일어나는 사건이므로, 이를 이용해 시간을 측정할 수 있어요. 재깍거리는 소리가 몇 번 났는지, 혹은 광자가 거울에 충돌한 사건이 몇 번 일어났는지 세기만 하면 돼요.

두 거울 사이의 거리는 1m이므로, 재깍거리는 소리가 10번 났다면, 광자는 10m를 달린 셈이에요.

이제 조금 복잡한 상황을 만들어 볼까요? 아인슈타인 박사는 빛 시계를 들고 땅 위에 서 있고, 앨리스는 다른 빛 시계를 들고 제트기에 탔어요.

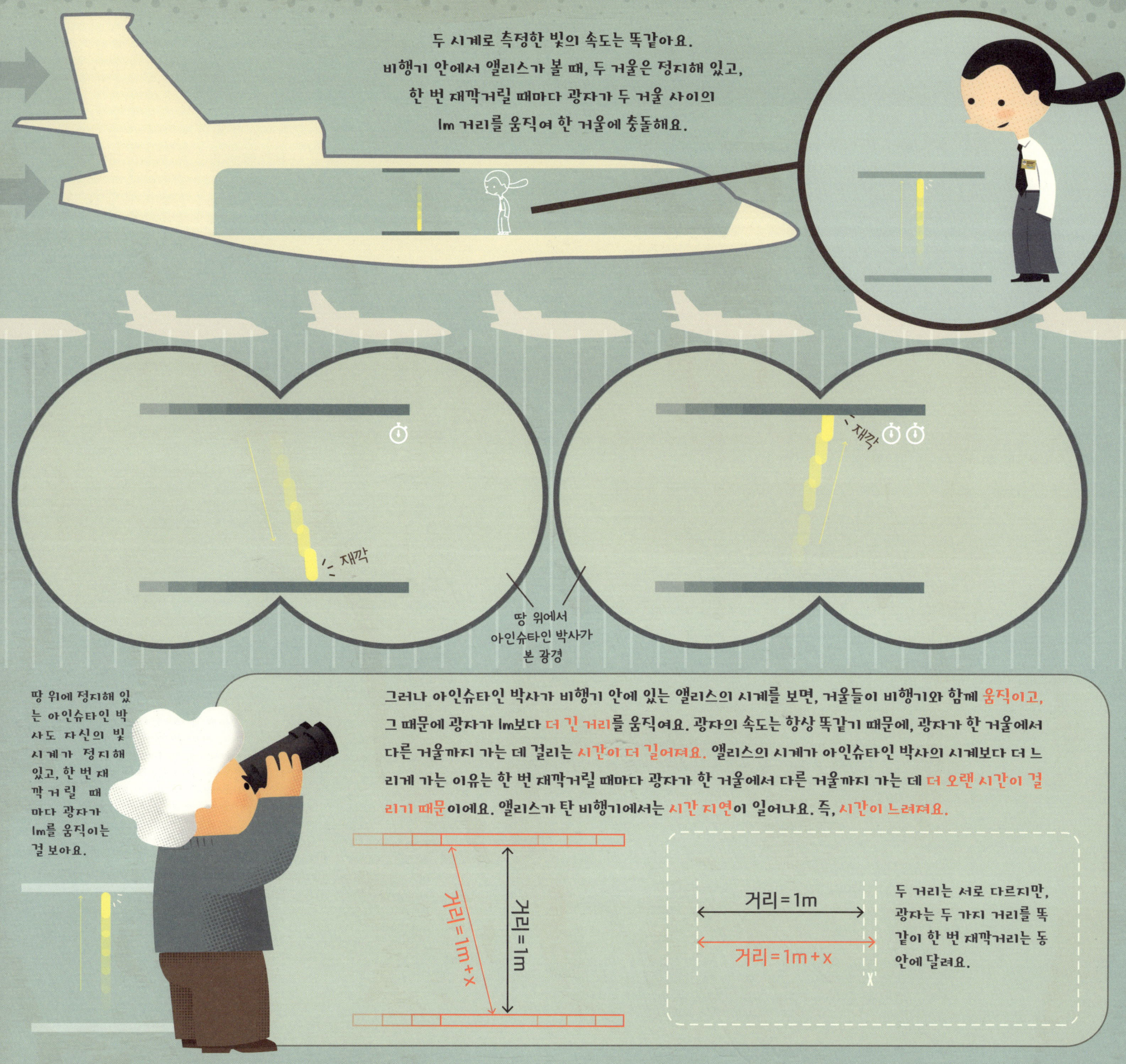

미래 여행

우리는 시간이 상대적이라는 사실을 이미 알고 있어요. 움직이는 관찰자와 정지해 있는 관찰자에게는 시간이 서로 다르게 흘러요(움직이는 관찰자의 시간이 더 천천히 흐르지요).

이 사실은 시간을 똑같이 맞춰 놓은 두 원자시계를 사용한 실험을 통해 확인되었어요. 한 원자시계는 지상에 놓아두고, 다른 원자시계는 초음속 비행기에 실었어요. 비행기가 지구를 한 바퀴 돌고 돌아온 뒤, 두 원자시계를 비교해 보았어요. 그랬더니 비행기에 실었던 원자시계가 지상에 있던 원자시계보다 수천분의 1초만큼 더 늦게 갔어요.

더 빨리 움직일수록 시간은 더 천천히 흘러요.

빛보다 더 빨리 달릴 수는 없지만, 빛의 속도에 가까운 속도로 아주 긴 여행을 한다면, 어떤 일이 벌어질까요?

그럼, 직접 보기로 해요.

앨리스는 지구에서 가장 가까운 별까지 여행을 하려고 해요. 그 별은 지구에서 4.22광년 거리에 있는 켄타우루스자리 프록시마별이에요. 앨리스는 지구에 머물러 있을 친구 밥에게 작별 인사를 하고 우주여행에 나섰어요. 밥의 나이는 앨리스와 똑같이 열 살이에요.

밥은 지구에서 우주선을 계속 추적하면서 기다렸어요. 우주선은 켄타우루스자리 프록시마별까지 갔다 오는 데 약 8.5년이 걸렸어요.

우주선에서 내린 앨리스는 밥을 잘 알아보지 못했어요. 이제 밥은 열아홉 살에 가까운 어른이 된 반면, 앨리스는 여전히 열 살이었거든요.

앨리스는 우주선을 타고 아주 빨리 달렸기 때문에, 앨리스에게는 시간이 천천히 흘렀어요. 그동안 지구에서는 시간이 이전처럼 정상으로 흘렀지요. 밥은 8년 반 동안 기다렸지만, 그동안 앨리스에게 흐른 시간은 겨우 몇 주일에 불과했어요.

빛의 속도에 가까운 우주선을 타고 켄타우루스자리 프록시마별까지 가는 데에는 약 4.22년이 걸리고, 다시 지구로 돌아오는 데에도 약 4.22년이 걸려요.

앨리스가 탄 우주선

그러나 앨리스는 아주 빠른 속도로 움직이기 때문에, 우주선에서는 지구에서보다 시간이 훨씬 느리게 흘러요. 프록시마별까지 가는 데에는 4년 이상이 걸리지만, 우주선에 탄 앨리스에게는 불과 몇 주밖에 흐르지 않아요.

켄타우루스자리 프록시마별은 켄타우루스자리 알파별(세 별로 이루어진 삼중성계임)의 세 별 중 하나이고, 지구에서 가장 가까운 별이에요.

이 별에 도착한 앨리스는 이제 방향을 돌려 다시 지구로 돌아갑니다.

켄타우루스자리 프록시마별은 '적색 왜성'으로 분류되어요.

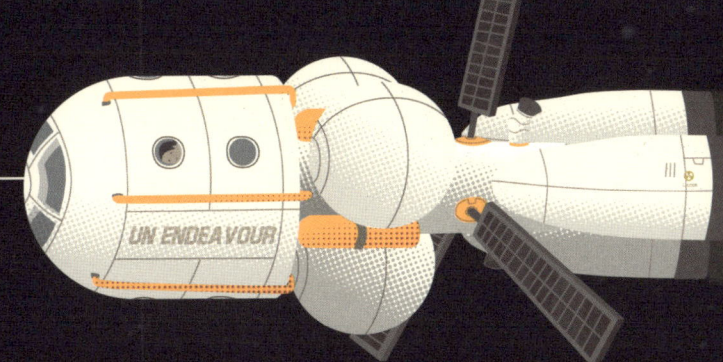

지구로 돌아가는 우주선에서도 시간은 여전히 아주 느리게 흘러요. 켄타우루스자리 프록시마별에서 지구로 돌아갈 때에도 앨리스에게는 시간이 몇 주밖에 흐르지 않아요. 그러나 지구에 있는 밥에게는 우주선이 지구로 돌아올 때까지 또다시 4.22년이 걸립니다.

빠른 속도로 여행하는 것은 미래를 향해 시간 여행을 하는 한 가지 방법이에요.

길이 수축

상대성 이론의 흥미로운 결과 중 한 가지는 빨리 달리는 물체를 볼 때, 속도가 빨라질수록 그 물체가 점점 더 수축하는 현상이에요.

즉, 길이가 줄어들어요!

앨리스와 아인슈타인 박사가 우주 기지에 정지해 있는 우주선의 길이를 재고 있어요.

이제 우주선이 켄타우루스자리 프록시마별을 향해 출발해요. 빛의 속도에 가깝게 가속되자, 속도가 우주선의 길이에 영향을 미치는 현상이 나타나기 시작해요! 우주선의 길이가 짧아지기 시작해요!

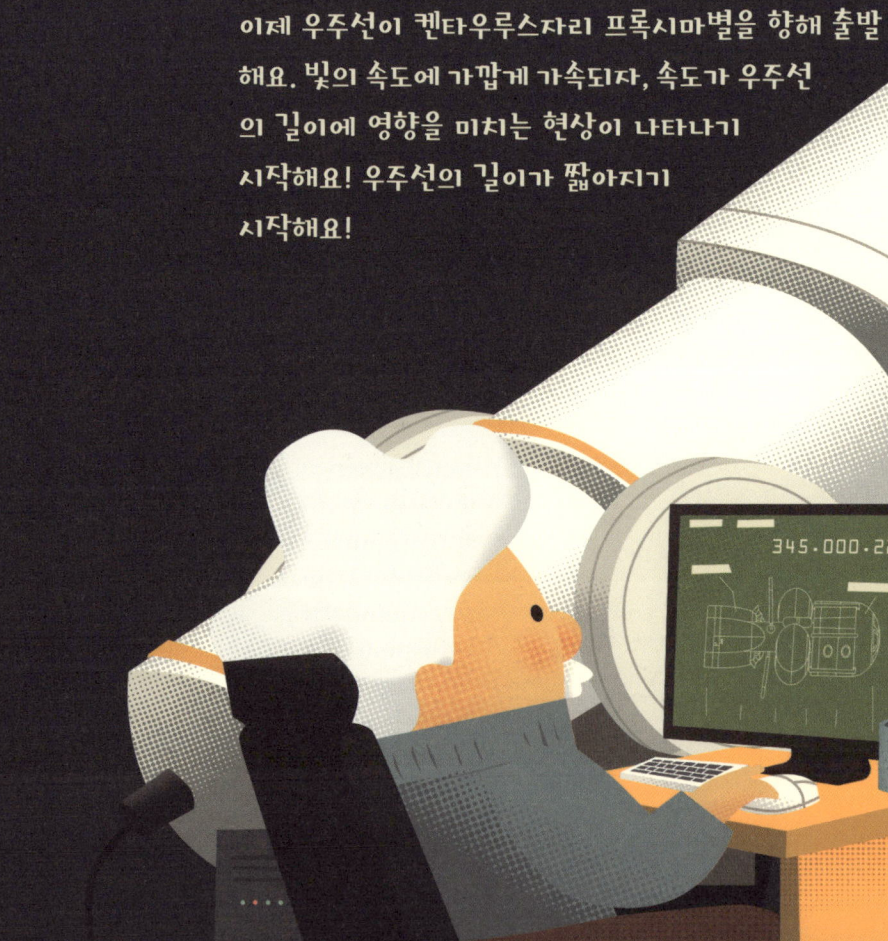

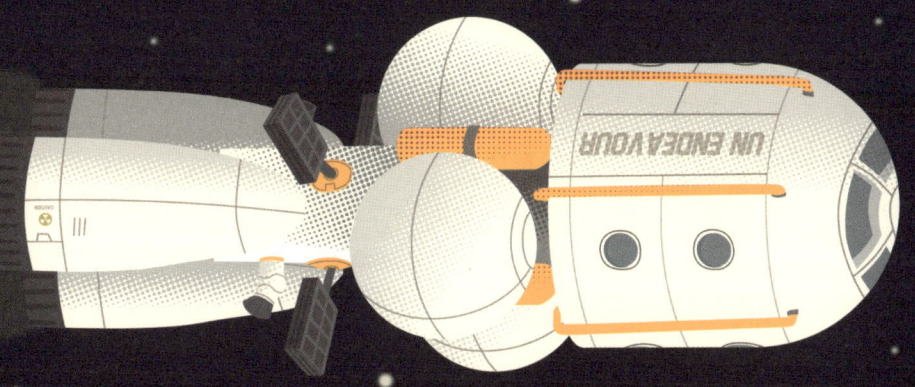

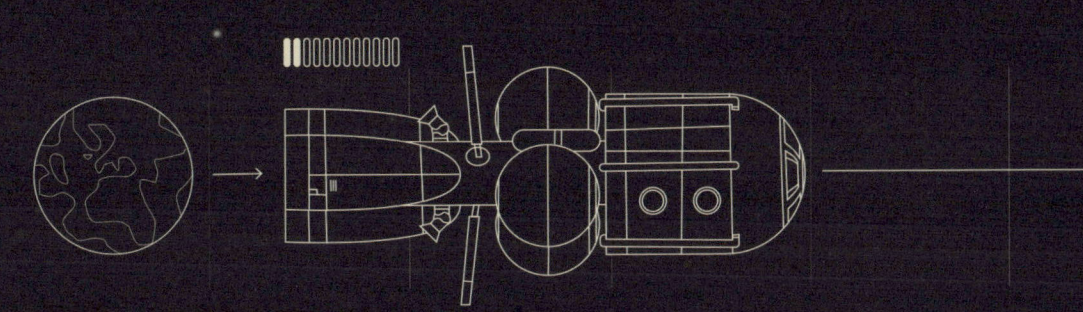

켄타우루스자리
프록시마별

우주선이 막 출발해 아직 낮은 속도로 날고 있을 때에는 우주선의 길이는 우주 기지에 있을 때와 별 차이가 없어요.

 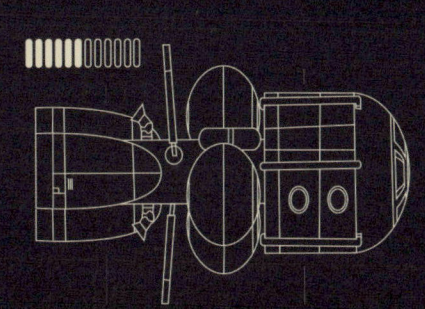

우주선이 가속되어 빛의 속도에 가까워지자, 아인슈타인 박사의 눈에는 우주선의 길이가 짧아지지만, 우주선을 타고 있는 앨리스는 이전과 달라진 것을 전혀 알아채지 못해요.

 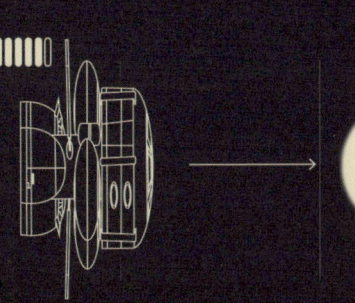

주의할 게 있어요! 오직 움직이는 방향으로만 길이가 줄어들어요! 즉, 우주선은 길이는 줄어들지만, 폭은 그대로예요.

뮤온의 여행

현실에서 시간 지연과 길이 수축 현상을 검증할 수 있는 예가 있어요. 뮤온이 바로 그것이에요!

뮤온은 경입자에 속하는 소립자인데, 그 질량은 전자보다 200배 이상 커요.

뮤온은 우주에서 날아온 우주선(宇宙線, 에너지가 매우 높은 입자선)이 상층 대기의 공기 분자와 충돌할 때 생겨요.

우주선

대기

뮤온은 수명이 아주 짧아 생긴 지 불과 0.0000022초 만에 분해되어 사라져요.

10km

이 짧은 생애 동안 뮤온은 빛의 속도에 가까운 속도로 날면서 겨우 660m만 날아갈 수 있어요.

뮤온 감지기

뮤온

그런데 실제로는 지표면에 있는 연구소에서도 뮤온이 발견되죠. 생긴 곳에서 무려 10km 이상 날아간 셈이에요.

지표면

원래는 겨우 660m밖에 날아가지 못한다고 했는데, 어떻게 10km나 날아갈 수 있을까요?

상대성 이론이 이 수수께끼를 해결했어요.

지구에서 볼 때:

우리가 볼 때 뮤온은 빛의 속도에 가까운 엄청나게 빠른 속도로 달려요. 그래서 우리가 볼 때 뮤온의 시간이 느려지는데, 이 때문에 분해되기까지 걸리는 시간이 20배나 늘어나요.

분해되기까지 걸리는 시간이 더 기니까 그동안 당연히 훨씬 먼 거리를 여행할 수 있지요. 그래서 지표면까지 도달해 우리가 발견할 수 있는 것이랍니다.

뮤온의 관점에서 볼 때:

뮤온이 볼 때에도 자신은 빛의 속도에 가까울 정도로 빠르게 지표면을 향해 날아가요. 그래서 거리가 짧아지는데(길이 수축), 지표면까지의 거리는 10km가 아니라 겨우 500m 정도로 줄어들어요. 그래서 뮤온은 분해되기 전에 지표면에 도달할 수 있어요.

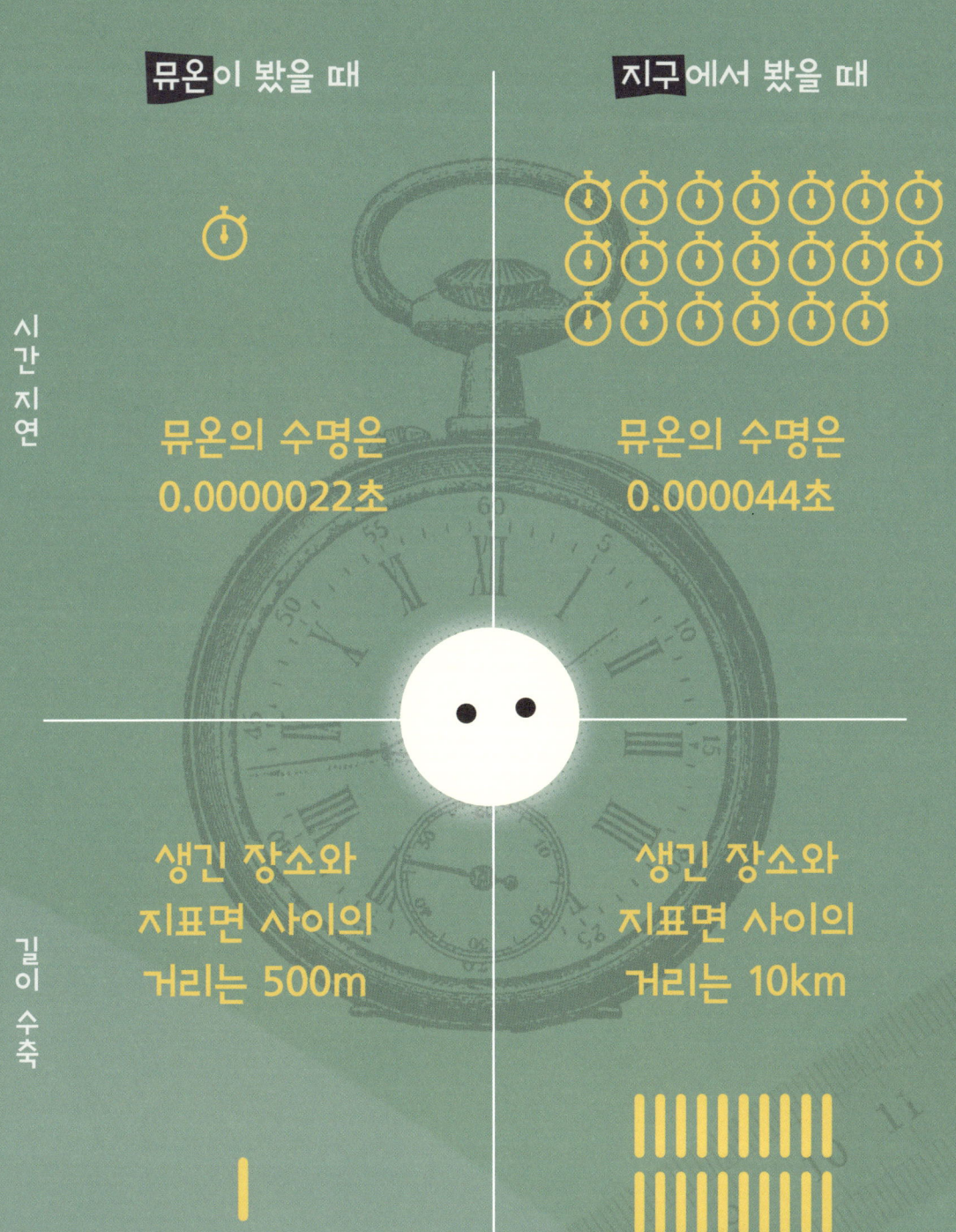

뮤온이 봤을 때 | 지구에서 봤을 때

시간 지연

뮤온의 수명은 0.0000022초 | 뮤온의 수명은 0.000044초

길이 수축

생긴 장소와 지표면 사이의 거리는 500m | 생긴 장소와 지표면 사이의 거리는 10km

지구의 관점에서 볼 때에는 뮤온의 여행 시간이 더 길어지고, 뮤온의 관점에서 볼 때에는 달리는 거리가 짧아집니다. 그래서 지표면의 연구소에 있는 감지기에 뮤온이 도착해요.

빨리 달리면 무거워진다

상대성 이론에서 나온 또 한 가지 놀라운 결과는
물체의 속도가 빨라지면 그 질량이 커진다는 것이에요.

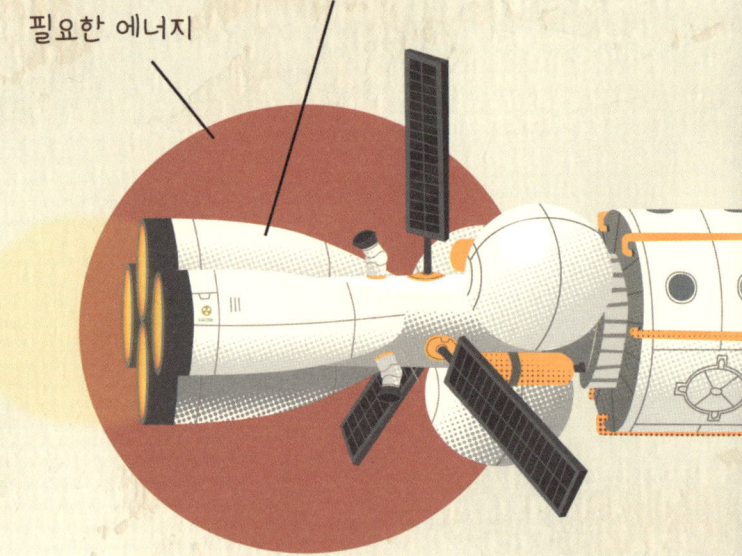

엔진은 우주선이 움직이는 데 필요한 에너지를 공급해요.

필요한 에너지

집에서 저울 위에 올라가 몸 무게를 잴 때, 우리가 측정하는 것은 **정지 질량**이에요. 정지 질량은 물체가 정지하고 있을 때 측정한 질량을 말해요.

질량이 큰 물체일수록 그 물체를 밀어서 움직이게 하는 데 더 많은 에너지가 필요해요.

앨리스가 우주여행을 할 때, 앨리스가 탄 우주선은 빛의 속도에 가까운 속도로 날았어요.

지구에서 볼 때, 우주선의 속도가 높아질수록 가속하기가 더 힘들어진다는 것을 볼 수 있어요. 다시 말해서, 우주선을 미는 데 더 많은 에너지가 필요하다는 뜻이에요. 왜냐하면 우주선이 빛의 속도에 가까워짐에 따라 우주선의 질량이 커지고, 따라서 우주선을 미는 데 더 많은 힘이 필요하기 때문이지요.

그러다가 마침내 우주선의 질량이 너무나도 커져서 더 이상 가속하기가 불가능한 때가 와요.

$E = mc^2$

그래서 질량이 있는 물체는 빛의 속도로 달릴 수 없어요. 속도가 점점 빨라짐에 따라 질량도 점점 커져서 나중에는 엄청나게 커지거든요.

만약 빛의 속도에 이른다면, 질량은 무한대가 되어 우주에 있는 모든 에너지를 다 쓴다 해도 그 물체를 더 이상 가속할 수가 없어요. 그러려면 무한대의 에너지가 필요해요.

꼭 기억해 두세요:
어떤 것도 빛의 속도보다 더 빨리 달릴 수 없어요.

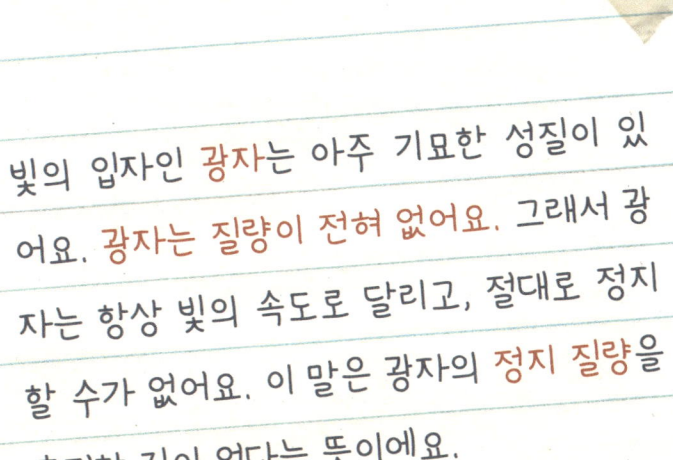

빛의 입자인 광자는 아주 기묘한 성질이 있어요. 광자는 질량이 전혀 없어요. 그래서 광자는 항상 빛의 속도로 달리고, 절대로 정지할 수가 없어요. 이 말은 광자의 정지 질량을 측정할 길이 없다는 뜻이에요.

빛을 타고 서핑하기

이것은 아인슈타인이 처음 한 사고 실험 중 하나예요.

불과 열여섯 살 때 아인슈타인은 광선 위에 올라 여행을 하면 어떤 경험을 하게 될까 하고 궁금해했어요.

열네 살 때 아인슈타인의 모습.
출처: Wikipedia

아인슈타인은 광선 위에 올라탄 여행이 아주 재미있을 것이라고 상상했지만, 확실히 알 수 없는 것이 하나 있었어요. 만약 옆에서 다른 광선이 나란히 달리고 있다면, 아인슈타인이 볼 때 그 광선은 어떻게 보일까요?

처음에는 그 광선이 정지한 모습으로 보일 것이라고 생각했어요. 자신에 대한 상대 속도가 '0'이어서 전혀 움직이지 않을 것이라고 생각했지요. 도로에서 다른 자동차가 옆에서 같은 속도로 나란히 달릴 때처럼요. 그러나 그렇게 되면 이야기가 아주 이상하게 될 것 같았어요. 정지한 광선을 본 사람은 아무도 없었거든요.

이 질문을 명쾌하게 해결해 줄 수 있는 사람은 주위에 아무도 없었어요. 그래서 아인슈타인은 혼자서 깊이 생각하면서 답을 찾으려고 노력했지요. 이 수수께끼를 푸는 데에는 그로부터 10년이 걸렸어요. **특수 상대성 이론**에 따르면, 빛은 어떻게 바라보든지 간에 항상 똑같은 속도로 달려야 하지요.

이 수수께끼에 대한 답은 이래요. 내가 광선을 타고 다른 광선과 나란히 날아간다고 해도, 다른 광선이 정지한 모습으로 보이지 않아요. 내가 볼 때, 그 광선은 항상 빛의 속도인 초속 30만 km로 달립니다.

47

상대성 이론의 효과는 빛의 속도에 가까울 만큼 아주 빠른 속도에서만 눈에 띄게 나타납니다. 일상생활에서 그 효과가 나타나는 것을 보지 못하는 이유는 이 때문이에요.

게다가 아무리 애쓰더라도, 우리는 자신에 대해 상대적으로 움직일 수가 없어요. 우리는 거실에 있건, 열차를 타고 가건, 비행기를 타고 가건 간에, 항상 자신에 대해 정지 상태에 있어요.

그래서 우리가 가진 시계는 항상 똑같은 속도로 흘러요. 다시 말해서, 우리 자신의 시간은 지연되지 않아요.

우리 자신을 측정할 때에는 키나 폭이 변하는(수축하는) 일이 일어나지 않으며, 저울 위에 올라서도 체중이 변하지(증가하지) 않아요.★

★물론 그동안에 키가 자라거나 체중이 늘지 않았다면 말이에요!

꼭 기억하세요!

시간이 느려지고, 길이가 수축하고, 질량이 증가하는 일은 우리에 대해 상대 운동을 하는 물체를 관찰할 때 일어납니다. 아인슈타인이 자신의 이론을 "상대성 이론"이라고 부른 이유는 이 때문이에요.

수학적 우주

아인슈타인은 특수 상대성 이론의 개념들을 이해하는 데 10년이 걸렸지만,
그것을 나타내는 방정식들을 발견하는 데에는 몇 주일밖에 걸리지 않았어요.
아래에 그 방정식들을 몇 개 소개할게요. 이 방정식들이 얼마나 멋진지 감상해 보세요.

로런츠 변환

$$ct' = \gamma(ct - \beta x)$$
$$x' = \gamma(x - \beta ct)$$
$$y' = y$$
$$z' = z$$

로런츠 인자

$$\gamma = \frac{1}{\sqrt{1 - \frac{v^2}{c^2}}} \qquad \beta = \frac{v}{c}$$

질량-에너지 등가

$$E = mc^2 \qquad m = m_0 \gamma$$

세상에서 가장 유명한 방정식 중 하나 → 정지 질량

광자 에너지

이것은 빛 입자(광자) 하나가 가진 에너지예요.

$$E = h\nu$$

빛의 속도

$$c = 299.792.458 \text{ m/s}$$

감사하는 말

세다드 카이드-살라 페론

현명한 의견으로 이 책을 더 충실하게 만들어 준, 중요한 두 물리학자 카를레스 무뇨스와 디에고 후라도에게. 내 친구 살바 산치스의 미래를 위해. 늘 곁에 있어 주고, 원고를 교정하고 수정해 준 사랑하는 헬레나에게. 자동차 물리학에 관해 큰 도움을 준 우나리와 타렉에게. 그리고 언제나처럼 엄마에게. 모든 게 이들 덕분이다. 이들에게 감사드린다.

에두아르드 알타리바

이 책이 만들어질 수 있게 도움을 준 모든 사람에게 감사드린다. 특히 아낌없이 지원해 주고 참고 기다려 준 멜리와 페레, 루르데스, 아이아드나에게 감사드린다.

그리고 앞으로도 계속해서 더 나아갈 수 있도록 해 준, 이 책을 만들어 준 모든 남녀, 과학자들에게 감사드린다.

글쓴이 **세다드 카이드-살라 페론(Sheddad Kaid-Salah Ferrón)**

물리학과 약학을 전공한 과학과 물리학 애호가이다. 학교를 졸업한 뒤 아이들에게 과학을 가르치며, 물리학을 계속 공부하고 있다. 제약 분야에서 일하며, 망원경으로 우주를 관찰하길 좋아하고, 지금은 인기 있는 과학 도서를 집필하고 있다.

그린이 **에두아르드 알타리바(Eduard Altarriba)**

그래픽 디자이너이자 일러스트레이터이다. 실용적이고 재미있는, 어린이를 위한 게임, 전시회, 애니메이션, 앱과 통합 문서를 제작하는 독립 스튜디오 알라바발라(Alababalà)를 운영하고 있다.

옮긴이 **이충호**

서울대학교 사범대학 화학과를 졸업하고, 현재 과학 전문 번역가로 활동하고 있다. 『신은 왜 우리 곁을 떠나지 않았는가』로 2001년 제20회 한국과학기술도서 번역상을 받았다. 옮긴 책으로 『진화심리학』, 『사라진 스푼』, 『이야기 파라독스』, 『화학이 화끈화끈』, 『59초』, 『내 안의 유인원』, 『많아지면 달라진다』, 『루시퍼 이펙트』, 『행복은 전염된다』, 『우주의 비밀』, 『세계의 모든 신화』, 『루시—최초의 인류』, 『처음 읽는 양자물리학』, 『공포의 먼지 폭풍』, 『흙보다 더 오래된 지구』 등이 있다.

감수 **김선배**

동국대학교 수학과와 물리학과를 졸업한 뒤 동국대 대학원에서 물리학 박사 학위를 받았다. 지금 동국대 자연과학연구원 연구교수 및 강의교수, 동국대 과학영재원 책임교수로 학생들을 지도하고 있다. 새로운 주제를 개발하는 데 관심이 많고, 각 대학의 과학영재원 사사과정 발표대회의 물리학 부문 심사위원을 맡는 등 영재교육 관련 분야에서 많은 활동을 하고 있다.

처음 읽는 상대성 이론

1판 1쇄 발행	2021년 1월 20일
1판 4쇄 발행	2023년 1월 15일
글쓴이	세다드 카이드-살라 페론
그린이	에두아르드 알타리바
옮긴이	이충호
감수	김선배
펴낸이	조추자
펴낸곳	두레아이들
등록	2002년 4월 26일 제10-2365호
주소	(04075)서울시 마포구 독막로 100 세방글로벌시티 603호
전화	02)702-2119(영업), 703-8781(편집), 02)715-9420(팩스)
이메일·블로그	dourei@chol.com / blog.naver.com/dourei

• 책값은 뒤표지에 적혀 있습니다. 잘못 만들어진 책은 구입하신 곳에서 바꾸어 드립니다.

ISBN 979-11-91007-02-2 73420

처음 읽는 시리즈

누구나 이해하기 쉬운 설명, 재미있고 재치 있는 그림과 구성으로
복잡하고 까다로운 과학의 세계를 설명해 주는 '처음 읽는 시리즈!'

처음 읽는 양자물리학
세다드 카이드-살라 페론 글, 에두아르드 알타리바 그림, 이충호 옮김, 김선배 감수

양자물리학이란 무엇이며, 우리 일상생활에 어떤 영향을 미치는가? 까다로운 양자물리학의 역사, 개념부터 이론들까지 양자물리학의 모든 것을 이해하기 쉬운 설명과 그림으로 들려주는 놀라운 책! 아이는 물론 온 가족이 함께 '처음 읽는' 양자물리학 책이다.

처음 읽는 전자기학
세다드 카이드-살라 페론 글, 에두아르드 알타리바 그림, 이충호 옮김, 김선배 감수

오늘날 전기와 자기는 사방에 널려 있고, 전기와 자기 없이 작동하는 것은 찾기가 힘들다. 그런데 전기란 대체 무엇이고, 전기는 자석과 무슨 관계가 있을까? 또 자기란 무엇일까? 더 흥미로운 질문이 있는데, 이 모든 것은 '빛'과 무슨 관계가 있을까? 환상적인 전자기학의 세계를 탐험하다 보면, 이 질문들은 물론 여러분이 궁금해하는 많은 질문에 대한 답을 찾을 수 있을 것이다.

처음 읽는 상대성 이론
세다드 카이드-살라 페론 글, 에두아르드 알타리바 그림, 이충호 옮김, 김선배 감수

아인슈타인의 상대성 이론은 시간과 공간에 관한 이론이다. 그럼, 우리가 다 안다고 생각하는 시간과 공간, 속력, 운동이란 과연 무엇일까? 이 개념을 이해하고 나면 아인슈타인처럼 특수 상대성 이론을 통해 세계를 이해할 수 있고, 실제로 우주에서 일어나는 일들도 알게된다. '처음 읽는' 시리즈 두 번째 책이다.

처음 읽는 미생물의 세계
세다드 카이드-살라 페론 글, 에두아르드 알타리바 그림, 이충호 옮김, 이장훈 감수

땅이건 바다건, 심지어 우리 피부를 비롯해 어디를 바라보건, 모든 곳에는 너무 작아서 보이지 않는 생물이 있는데, 이를 미생물이 부른다. 단 하나 또는 여러 세포로 이루어진 이 작은 생물들은 지구의 모든 생물이 살아가는 데 꼭 필요하다. 미생물 중에는 우리에게 이로운 것도 있고 해로운 것도 있다. 다윈 박사와 함께 흥미진진한 미생물의 세계로 여행을 떠나보자!

처음 읽는 코스모스
세다드 카이드-살라 페론 글, 에두아르드 알타리바 그림, 이충호 옮김, 김선배 감수

우주의 거대 구조를 결정하는 중력부터 빅뱅, 블랙홀, 암흑물질, 암흑 에너지, 우주망, 중력파, 웜홀 등은 무엇이며, 별은 어떻게 태어나고 죽는지, 우주가 팽창한다는 게 무엇인지, 우주는 어떻게 되는지 등 우주에 관한 모든 궁금증을 알기 쉽고 재미있게 들려준다. 우주가 태어난 순간부터 시작해 끝나는 순간까지 우주의 전체 생애를 살펴보는 신나는 여행이 될 것이다.

처음 읽는 건축의 역사
베르타 바르디 이 밀라 글, 에두아르드 알타리바 그림, 이섬민 옮김

이글루, 오두막, 대성당, 피라미드, 초고층 빌딩 등 인류의 역사와 함께 발전해 온 건축물과 건축가들의 이야기를 들려준다. 소박한 주택에서 경이적인 마천루, 파르테논 신전에서부터 부르즈 할리파에 이르는 상징적인 건축물들을 시대순으로 흥미롭고 자세히 설명해 준다. 건축의 역사가 이 한 권에 모두 담겨 있다!

처음 읽는 에너지
요하네스 히른·베로니카 산스 글, 에두아르드 알타리바 그림, 이충호 옮김, 김선배 감수

불의 발견, 물과 바람, 열과 증기, 태양열과 원자력 등을 이용해 에너지를 얻는 방법에서부터 에너지를 효율적으로 생산하고 배분하는 스마트 그리드, 우주 탐사선이 에너지를 얻는 방법에 이르기까지 에너지의 생성, 측정, 활용 및 변환 방법과 에너지의 역사를 생생한 그림과 함께 알기 쉽고 재미있게 설명해 준다. 우리 주변 어디에나 있는 '에너지'란 과연 무엇일까?

'처음 읽는 시리즈'는 계속됩니다!